Ricordi Violin Library

20th Century Italian Composers
Compositori italiani del XX secolo

edited by / *a cura di Roberta Milanaccio*

for violin and piano / *per violino e pianoforte*

volume

I

RICORDI

COLOPHON

Translations by –
Traduzioni a cura di: Katy Moore

Copyright © 2012 Universal Music
Publishing Ricordi
via B. Crespi, 19 - 20156 Milano
Tutti i diritti riservati – All rights reserved
Stampato in Italia – Printed in Italy

NR 140708
ISMN 979-0-041-40708-1
ISBN 978-88-7592-912-1

Contents
Sommario

INTRODUCTION

The first signs of a revival in Italian music at the beginning of the twentieth century are mostly found in the important contributions of a generation of musicians all born in and around the year 1880: Ottorino Respighi, Ildebrando Pizzetti, Gian Francesco Malipiero and Alfredo Casella. Thanks to them, the music scene in Italy began to widen its horizons, which basically meant going beyond the "exclusive cultivation of melodramatic opera and encouraging an awareness of symphonic music in the country".[1] This anthology provides a meaningful overview of the music for violin and piano written by these composers, the founders of the movement, and also by those they inspired. The pieces have been selected for their musical value, their didactic usefulness and their ability to represent a particular period in the history of Italian music and culture.

> The composers belonging to the 'Generazione dell'Ottanta' (1880s generation) looked to the future: they saw this not so much as a question of going back in time and recovering the values of Romantic symphonic writing, but rather the mastering of the linguistic latest developments and giving them an original slant. Whatever their later individual stances were, they shared the same enthusiasm for research, eagerness and curiosity about all things new while in the front line of the battle for the renewal of music taste.[2]

Their inspiration came from two main sources: from France, the trend for a new style having clear pre-Romantic forms, theorised by the group of composers known as 'Les six' (Poulenc, Milhaud, Auric, Tailleferre, Durey, Honegger), i.e. Neoclassicism; from Austria, the clearest emancipation of dissonance, which came about firstly by being freed from all previous organisation schemes and then the definition of a system of composition where all the semi-tones had

the exact same importance, i.e. the twelve-tone technique. The first trend (Neoclassicism) reflected the need to make music linear and solid, thus restoring its logical coherence – something it had lost during the Impressionist period – by means of rediscovering earlier musical styles (especially a return to Bach). Austria, on the other hand, provided one of the most radical aspects of modernity, the most extreme escape from the tonal language, which found, in Neoclassicism, a formal structure to prevent its dissolution. Two works are typical of this period: Stravinsky's *Le sacre du printemps* (1913) and Schoenberg's *Pierrot lunaire* (1912), marking the start of two different, diverging solutions to the then crisis in musical language.

Although clearly influenced by Europeanism, the composers of the 1880s generation drew great strength from the rediscovery of past Italian music – instrumental and polyphonic – prior to the glories of nineteenth-century melodrama.

> Of course, archaism has been a general trend in contemporary music: but never more so than in Italy has it been able to free itself so successfully of the negative connotations and act as a factor for progress.[3]

Respighi and Casella were mainly interested in instrumental music, searching the premises for Italian symphonic music on a par with the modern European acquisitions in language: on the one hand, there were Respighi's experiments with timbre and great orchestral frescoes (the result of his studies in Russia with Rimsky-Korsakov); on the other, the Neoclassicism and polytonal technique of Casella (who, before working in Italy, had studied for a long time in France). Together, drawing on their recent European experiences, they pursued the "perfecting of the sonorous language", trying "to keep, where at all possible, the national character".[4] With regard to Ca-

1. Massimo Mila, *La nostra musica illustrata agli inglesi (29 aprile 1958)*, in Id., *Cronache musicali 1955-59*, Einaudi, Turin 1959, pp. 150-152.

2. Massimo Mila, *La musica contemporanea in Italia*, in Id., *Breve storia della musica*, Einaudi, Turin 1963, pp. 419-459: 420.

3. *Ibid*, p. 423.

4. c.f. the Manifesto published for a concert organised by Casella in February 1914, which included music by contemporary Italian composers.

sella, it should also be noted that he was a seemingly tireless organiser of concerts, offering the public the chance to listen to the works of contemporary Italian and foreign composers, as well as early Italian music.

Pizzetti represented the moderate side of modernity. He was critical of Debussy and Schoenberg and loved Verdi's music; nevertheless, he pushed beyond Nationalism, imbuing his art with a set of beliefs clearly influenced by Gabriele d'Annunzio, with characteristics of exceptionality and uniqueness. In the field of theatre, as ever the best place for expressing the deepest aspects of humanity, he came to grips with the problem of renewing Italian opera by introducing a dramatic vocal style, reminiscent of the Florentine *'recitar cantando'*, sixteenth-century polyphony and Gregorian chant. His aesthetic concept of music can be seen in the choruses in his operas: the quest to understand the human condition beyond the limits of mere words.

Malipiero's compositions were also influenced by this revival of early Italian music, together with shades of German Expressionism, resulting in a rhapsodic juxtaposition of musical ideas.

This shared desire to re-insert Italian music in European culture culminated in the 1880s generation composers following different paths as they reached their musical maturity: Respighi and Pizzetti became rooted in moderate modernity, while Malipiero and Casella never lost their interest in the continuous evolution of contemporary music, thus becoming the favourite targets for the supporters of tradition.

The growing importance of Nationalism played a considerable part in this process, "a movement more essentially cultural than political",[5] promoted by several new journals in various Italian cities. Florence, far from the political heart of Italy (Rome) and the economic centre (Milan), bore witness to the isolation of Italian intellectuality, a condition that only a major resurgence could have altered.[6] The journal "Voce" was especially important, with contributors such as the musicologist Fausto Torrefranca, the music critic and composer Giannotto Bastianelli and the composer Ildebrando Pizzetti. The myth of Nationalism sought to recover the former greatness of Italian music, at ennobling the musical language and at keeping at a distance from those European experiences deemed not suitable, i.e. the limit beyond which musical research should not push the bounds in order not to betray the 'Latin spirit'.[7] The need to make Italians more aware of their earlier musical splendour and bring past masterpieces to their attention was in conflict, therefore, with the desire for renewal, and this was not just seized upon by their critics, but also reflected the debates going on within each individual.

Two distinct factors led to the only partial success of this generation. Firstly, there was a definite lack of interest abroad in Italian musical output;[8] secondly, there were no real technical or linguistic studies, essential elements in any innovation, as the emphasis was on a poetic programme. It was, therefore, more of a cultural/humanistic renewal rather than a truly cultural one.[9]

The twenty years of Fascism in Italy (1922-42) were those when the next generation of musicians studied and started to produce new compositions. The fascist regime in Italy did not introduce any major changes in the field of music and art in general, as was the case in Germany. Despite the stress of those years, the fact that the regime lacked a certain substance led to a dislike of novelty, rather than a desire to impose new stylistic elements.

Casella, Malipiero and the other musicians, who enjoyed a status of 'autonomous aristocracy', continued working under these conditions. This was also the period when Ghedini and the young musicians Dallapiccola and Petrassi started making their name. Musicians for whom "the polemics concerning a increasingly distant past, on its way out" lost its importance. Overall, the 1880s generation formed the historical basis for this new generation, allowing it to believe itself fully inserted in the international context and to adopt European musical genres.

> The same ideals concerning the language – which had been systematically used by the pioneers as their claim to a true culture – now extended to reflections on man and objects, becoming an intrinsic part of musical technique, viewed as the occasion for a different form of questioning and a new consciousness in the civilisation it represents, to the point that this spread universally in the post-war years.[10]

Thus Dallapiccola and Petrassi symbolised a new generation with the courage to experiment and go down new paths. There were no declared programmes, as

5.   GUIDO SALVETTI, *La nascita del Novecento*, in *Storia della musica*, vol. X, EDT, Turin, 1977 (1991), p. 290.

6.   *Ibid*, p. 291.

7.   *Ibid*, p. 294.

8.   Cf. MASSIMO MILA, *La nostra musica illustrata* cit., p. 150.

9.   Cf. PIERO SANTI, *L'italianità di Dallapiccola*, in 47° MAGGIO MUSICALE FIORENTINO, *Musicacittà*, edited by LUCIANO BERIO, Laterza, Rome-Bari 1984, pp. 167-176: 168.

10.   *Ibid*, p. 169.

the desire to throw out the old was an inner process in the musicians. The choice of musical language, which was either a way of recovering the past or a total negation of tradition, was, in that sense, the path that led towards artistic freedom, disregarding any contact with the public: it is that sense of an inability to communicate that dominates the composer fully aware of the ethical and social crisis of the time. Italian Neoclassicism had a far smaller influence on these men, mainly on account of an ideological question, though it was, even so, the source of inspiration for pages of music for voice and choir of outstanding beauty, where the melodic line never swelled romantically.

> The borders having been re-opened, the second generation of the Italian avant-garde (Dallapiccola and Petrassi) now sit with authority around the table of the new musical Internationalism, due to the cultural situation in which they found themselves, and we can see that their technique, which has now become generally adopted, has a certain peculiarity, despite their differences.[11]

THE MUSICAL LANGUAGE OF THE TWENTIETH CENTURY

The two World Wars are always seen as important breakwaters in the twentieth century owing to the irrefutable influence these wars had on the evolution of the arts over the course of the century. The inner unease that the artists had no choice but to experience led to a new form of artistic research that, while not exactly silencing the torment, opened up a new direction for 'existence'. The various trends that appeared at different times and in different places all had a few common elements: we can therefore say there was a certain 'European style'.

In the field of music composition, there were a few recurrent characteristics: an asymmetrical, dynamic rhythm representing unease, freedom from tonality and experiments in timbre and dynamics, expressing the recesses of the mind of the composer in increasing detail. This outpouring of inner thoughts can be found in all the usual physical dimensions: pitch, intensity, timbre and duration. This is especially significant because it clearly distinguishes the music in question from that which came before. The musicians were more interested in experimenting with those parameters that previous generations had only indirectly developed: timbre and duration.

The emancipation of dissonance is undoubtedly a major characteristic of twentieth-century music, but the roots for the evolution of this language were already sown in Romanticism. As the harmonic element became of prime importance, the chord was used as the basic element around which any discussion revolved, but at the same time, it also led to its own progressive isolation owing to an enriching of its resources. The reduction in polyphonic restraints and the removal of the chords from the hierarchy of the heptatonic scale would lead to extended tonality and then, depending on the different orientations, from the re-discovery of exatonal scales to atonality, the twelve-tone technique and Serialism.

A 'return' that enriches the musical scene, however: the practice of counterpoint, both in the sense of linearity and the ability to combine. The melodic lines tend to be stripped of harmonic/tonal implications, thus leaving space for juxtaposition and combination, to imitative processes (the canon, in all its variations) and 'fugato' forms. This opening of new harmonic space, linked to the increasing use of modulation, generates the presence of chords that appear more and more "extraneous" to tonality. It also leads to the re-discovery of pre-tonal traditions, where the polyphonal taste was cultivated. This is, partly, like the 'returns' seen in Flemishism, Neomadrigalism and Baroquism (Bach). As for the language, all the tonal ambiguities implicit in polyphonic compositions are stressed. In terms of integral chromatics, composition procedures are adopted to organise the available phonic material so that it does not compromise the required absolute independence of each of the sounds.

Roberta Milanaccio

---

11.   *Ibid*, p. 170.

Le istanze di rinnovamento musicale nell'Italia del primo Novecento sono da ricondurre all'importante esperienza di una generazione di musicisti nati intorno al 1880: Ottorino Respighi, Ildebrando Pizzetti, Gian Francesco Malipiero e Alfredo Casella. Grazie a loro l'Italia musicale cominciò ad aprire le sue frontiere e questo significò, principalmente, superare la «coltivazione esclusiva del melodramma e formare nel paese una coscienza sinfonica».[1] In questa antologia si delinea un panorama significativo della musica per violino e pianoforte scritta da quei compositori che di tale rinnovamento furono artefici e anche da quelli che da essi furono ispirati. I brani sono stati scelti sia per il loro valore musicale, sia per l'interesse didattico, sia per la loro capacità di rappresentare un determinato periodo della storia della musica e della cultura italiana.

> I compositori dell'Ottanta guardavano all'avvenire: per loro non era più questione di voltarsi indietro a ricuperare i valori del sinfonismo romantico, ma di impossessarsi delle più recenti innovazioni del linguaggio musicale e di portarle avanti in maniera originale. Qualunque possa essere stato in seguito il loro atteggiamento individuale, nel tempo in cui essi condussero insieme la battaglia per il rinnovamento del gusto musicale, essi ebbero in comune l'entusiasmo della ricerca, l'ansia e la curiosità del nuovo.[2]

L'ispirazione giunse, principalmente, da due fronti: dalla Francia, il gusto del rifacimento stilistico di nitide forme preromantiche, teorizzato dal gruppo dei Sei (Poulenc, Milhaud, Auric, Tailleferre, Durey, Honegger), ossia il neoclassicismo; dall'Austria, la più decisiva emancipazione della dissonanza, che si realizzò, prima nella liberazione da tutti i principi di organizzazione fino ad allora conosciuti, poi nel-

la definizione di un sistema di composizione dove tutti i semitoni avevano la stessa importanza, ossia la tecnica dodecafonica. La prima tendenza rispecchiava la necessità di donare alla musica linearità e solidità, una coerenza logica che si era persa negli anni dell'impressionismo, attraverso la riscoperta di stili musicali del passato (primo fra tutti il ritorno a Bach). Guardando l'Austria, si trova, invece, uno degli aspetti più radicali della modernità, la più estrema via d'uscita dal linguaggio tonale, che nel neoclassicismo trovò la struttura formale per non dissolversi in se stessa. Due opere contrassegnano questo periodo: *Le sacre du printemps* (1913) di Stravinsky e il *Pierrot lunaire* (1912) di Schoenberg, l'avvio a due differenziate e divergenti soluzioni della crisi del linguaggio musicale.

Al di là dell'europeismo, l'arte dei compositori dell'Ottanta trovò la sua forza vitale nella riscoperta dell'antica civiltà musicale italiana, strumentale e polifonica, anteriore alle glorie del melodramma ottocentesco.

> Certo, l'arcaismo è stato una tendenza generale nella musica contemporanea: ma in nessun paese come in Italia esso ha potuto sfuggire così felicemente alle sue connotazioni negative e agire come un fattore di progresso.[3]

Respighi e Casella si interessarono prevalentemente alla musica strumentale, ricercando i presupposti per un sinfonismo italiano a livello delle moderne acquisizioni europee del linguaggio: da una parte, ci furono le suggestioni timbriche e le grandi affrescature orchestrali di Respighi (frutto dello studio in Russia con Rimskij-Korsakov), dall'altra, il neoclassicismo e la tecnica politonale di Casella (che, prima di operare in Italia, studiò a lungo in Francia). Insieme, sulla base delle recenti esperienze europee, perseguirono il «perfezionamento del linguaggio sonoro», cercando di «mantenere, per quanto possibile, il carattere

1. MASSIMO MILA, *La nostra musica illustrata agli inglesi (29 aprile 1958)*, in ID., *Cronache musicali 1955-59*, Einaudi, Torino 1959, pp. 150-152.

2. MASSIMO MILA, *La musica contemporanea in Italia*, in ID., *Breve storia della musica*, Einaudi, Torino 1963, pp. 419-459: 420.

3. *Ibidem*, p. 423.

nazionale».[4] Per quanto riguarda Casella, bisogna inoltre rilevare il suo instancabile impegno di organizzatore di concerti durante i quali si potevano ascoltare opere di compositori contemporanei italiani e stranieri, ma anche la nostra musica antica.

Pizzetti rappresentò il versante di una modernità moderata. Criticò Debussy e Schoenberg e amò moltissimo Verdi; riuscì però ad andare oltre lo spiritualismo nazionalistico, rivendicando all'arte una religiosità di stampo chiaramente dannunziano, con caratteristiche d'eccezionalità e di irripetibilità. Nell'ambito del teatro, luogo privilegiato di espressione umana profonda, sollevò la problematica di un rinnovamento dell'opera italiana, attraverso una vocalità drammatica, riconducibile al 'recitar cantando' fiorentino, alla polifonia cinquecentesca, al canto gregoriano. Nei cori delle opere teatrali si attuava la concezione estetica alla base della sua musica: rilevamento di una situazione umana da indagare oltre i limiti della parola.

Il recupero della musica italiana antica caratterizza anche la scrittura musicale di Malipiero che riuscì ad abbinarvi l'ombra dell'espressionismo tedesco, in una rapsodica giustapposizione di idee musicali.

Il comune progetto di reinserimento della musica italiana nella cultura europea culminò, in corrispondenza dell'inizio della loro maturità musicale, con la scelta di proseguire ognuno per la propria strada: Respighi e Pizzetti si radicarono in una modernità moderata, mentre Malipiero e Casella non persero mai l'interesse per la continua evoluzione musicale contemporanea, divenendo così i bersagli preferiti dei sostenitori della tradizione.

Parte notevole nel contesto delineato ebbe la progressiva affermazione del nazionalismo, «movimento ancor prima culturale che politico»,[5] a cui diedero voce diverse riviste sorte in diversi centri italiani. Firenze, lontana dal centro politico (Roma) e da quello economico (Milano), testimoniò l'emarginazione dell'intellettualità italiana, da cui solo una mitica riscossa avrebbe potuto riscattare.[6] Notevole importanza ebbe soprattutto la «Voce», per cui scrivevano fra gli altri, il musicologo Fausto Torrefranca, il critico e compositore Giannotto Bastianelli, il compositore Ildebrando Pizzetti. Il mito nazionalista spinse verso il recupero dell'antica grandezza musicale dell'Italia, verso la nobilitazione del linguaggio musicale e si discriminarono quelle esperienze europee ritenute non idonee, ovvero il limite oltre il quale, nella ricerca musicale, non era lecito spingersi per non tradire lo 'spirito latino'.[7] La necessità di ricondurre gli italiani alla consapevolezza del loro antico splendore musicale e alla conoscenza dei capolavori del passato si scontrava, quindi, con l'ansia di rinnovamento, e questo fatto non riguardava solo gruppi di opposizione ma poteva rispecchiare la dialettica interiore del singolo.

Due questioni distinte segnarono il parziale successo di questa generazione. In primo luogo, all'estero mancò un consistente interesse per la nostra produzione musicale;[8] in secondo luogo, vennero a mancare le istanze di ricerca tecnica e linguistica, essenziali per ogni vera innovazione, sostituite da un programma poetico. Si trattò, insomma, di un rinnovamento culturale e umanistico più che culturale.[9]

Gli anni di formazione e della prima produzione dei musicisti della generazione successiva all'Ottanta, orientativamente si collocano nel ventennio fascista (1922-42). Il regime non apportò mutamenti di rilievo come quelli operati in Germania nel campo della musica e dell'arte in genere. Nonostante le sollecitazioni, la mancanza di contenuti da parte del regime, più che imporre novità stilistiche determinò una situazione di ostilità per il nuovo.

In questo clima proseguì l'attività di Casella, Malipiero e di quei musicisti, la cui posizione era di 'aristocratica autonomia', ed esordirono il più anziano Ghedini e i più giovani Dallapiccola e Petrassi, per i quali «la polemica nei confronti di un passato sempre meno prossimo e in via di rimozione» non aveva più significato. Nel complesso, la generazione dell'Ottanta rappresentò la base storica su cui questa generazione crebbe perfettamente inserita nel contesto internazionale e con la pratica di generi musicali di provenienza europea.

Le stesse idealità inerenti il linguaggio, che valevano per i pionieri programmaticamente in quanto rivendicazioni di vera cultura, ora andranno distendendosi in riflessioni, sull'uomo e sulle cose, intrinseche alla tecnica musicale in sé, avvertita quale luogo di una diversa ricerca e della coscienza medesima della civiltà che ad essa compete, al modo che la si vedrà dilagare universalmente nel dopoguerra.[10]

---

4. Vedi il Manifesto pubblicato in occasione di un concerto organizzato da Casella nel febbraio del 1914, dove furono presentate musiche di compositori italiani contemporanei.

5. Guido Salvetti, *La nascita del Novecento*, in *Storia della musica*, vol. X, EDT, Torino, 1977 (1991), p. 290.

6. *Ibidem*, p. 291.

7. *Ibidem*, p. 294.

8. Cfr. Massimo Mila, *La nostra musica illustrata* cit., p. 150.

9. Cfr. Piero Santi, *L'italianità di Dallapiccola*, in 47° Maggio Musicale Fiorentino, *Musicacittà*, a cura di Luciano Berio, Laterza, Roma-Bari 1984, pp. 167-176: 168.

10. *Ibidem*, p. 169.

Con Dallapiccola e Petrassi, si passa, quindi, a una nuova generazione che ha nuovamente il coraggio dell'esperimento, della ricerca di nuove strade. Non ci sono dichiarazioni programmatiche perché la volontà di svecchiamento è ora ricerca interiore del musicista. La scelta di un linguaggio musicale, che sia recupero del passato o negazione totale della tradizione, è in tal senso la strada da seguire verso la libertà artistica, che prescinde dal contatto col pubblico: è il senso di incomunicabilità che domina il compositore che ha preso coscienza della crisi etica e sociale. Su di loro, soprattutto per una questione ideologica, il neoclassicismo italiano ebbe minore influenza, ma fu, comunque, la fonte ispiratrice di pagine vocali e corali di sorprendente bellezza, dove la linea melodica non si gonfia mai romanticamente.

All'apertura delle frontiere, sedutasi ora davvero autorevolmente al tavolo del nuovo internazionalismo musicale, l'avanguardia italiana del secondo tempo (Dallapiccola e Petrassi), proprio in virtù della situazione culturale che le è toccato di vivere, può dar a vedere nella tecnica, ormai divenuta materia generale, di nuovo una peculiarità propria, aldilà delle differenze.[11]

IL LINGUAGGIO MUSICALE NEL NOVECENTO

Le due guerre mondiali costituiscono un punto di riferimento essenziale per qualsiasi indagine sul Novecento, per l'innegabile peso che hanno avuto nell'evoluzione artistica di questo periodo. Il disagio interiore, con il quale gli artisti dovettero obbligatoriamente convivere, aprì la strada a una nuova ricerca artistica, che, pur non eliminando il tormento, permise di dare una direzione nuova all'esistenza. Tendenze sorte in tempi e luoghi diversi hanno rivelato alcuni elementi di fondo comuni: si può parlare, in questo senso, di un certo 'stile europeo'.

Nel campo della composizione musicale, si possono rilevare alcune caratteristiche ricorrenti: un ritmo asimmetrico e dinamico che rappresenta l'inquietudine; la liberazione dalla tonalità; la ricerca timbrica e dinamica, volta a esprimere sempre più dettagliatamente i recessi dell'anima del compositore. Questo sfogo interiore si apre quindi in tutte le dimensioni fisiche definite: altezza, intensità, timbro e durata. Il fatto è particolarmente significativo perché distingue in maniera decisiva la musica in questione da quella precedente, le ricerche puntano maggiormente verso quei parametri che le generazioni precedenti avevano sviluppato indirettamente: il timbro e la durata.

L'emancipazione della dissonanza caratterizza indubbiamente la musica del Novecento, ma le radici dell'evoluzione del linguaggio sono da riferirsi già al Romanticismo. Divenendo di importanza primaria l'elemento armonico, l'accordo diventava l'elemento intorno a cui girava il discorso ma che allo stesso tempo definiva, attraverso l'arricchimento delle proprie risorse, il proprio progressivo isolamento. Il venir meno dei vincoli polifonici insieme allo sradicamento degli accordi dall'ordine gerarchico della scala eptafonica, condurrà sulla strada della tonalità allargata e poi, secondo i diversi orientamenti, dal recupero di scale extratonali, all'atonalità alla dodecafonia, alla serialità.

Un 'ritorno' arricchisce, però, il nuovo contesto musicale: la pratica dell'arte contrappuntistica sia nella direzione della linearità sia da quella della combinatorietà. Le linee melodiche tendono a spogliarsi delle implicazioni armonico-tonali, che lasciano così spazio alla giustapposizione e alla combinazione, ai procedimenti imitativi (il canone in tutte le sue varianti), alle forme 'fugate'. L'apertura di nuovi spazi armonici, legata al crescente uso della modulazione, ingenera la presenza di accordi che appaiono sempre più 'estranei' alla tonalità, e riguarda anche il recupero di quelle tradizioni pretonali, dove il gusto polifonico era coltivato. Si tratta in parte di quei 'ritorni' del fiamminghismo, del neomadrigalismo, del barocchismo (Bach). A livello di linguaggio sono state esaltate tutte le ambiguità tonali implicite nella scrittura polifonica. Dalla parte del cromatismo integrale, sono state adottate quelle procedure compositive atte a organizzare il materiale sonoro disponibile in modo tale da non compromettere la cercata assoluta indipendenza di ciascun suono dagli altri.

Roberta Milanaccio

---

11.   *Ibidem*, p. 170.

20th Century Italian Composers

Compositori italiani del XX secolo

for violin and piano / per violino e pianoforte

volume

1

Vittorio Monti
CZÁRDÁS
[HUNGARIAN FOLK DANCE — DANZA POPOLARE UNGHERESE]

Vittorio Monti

AUBADE D'AMOUR!
[MORNING LOVE SONG – CANZONE D'AMORE]

from the "mimodrame" in three acts – *dal mimodramma in tre atti*
Noël de Pierrot

a Egidio Rossi

(Ricordi NR 119004)

Achille Simonetti
MADRIGALE

(Ricordi NR 54914)

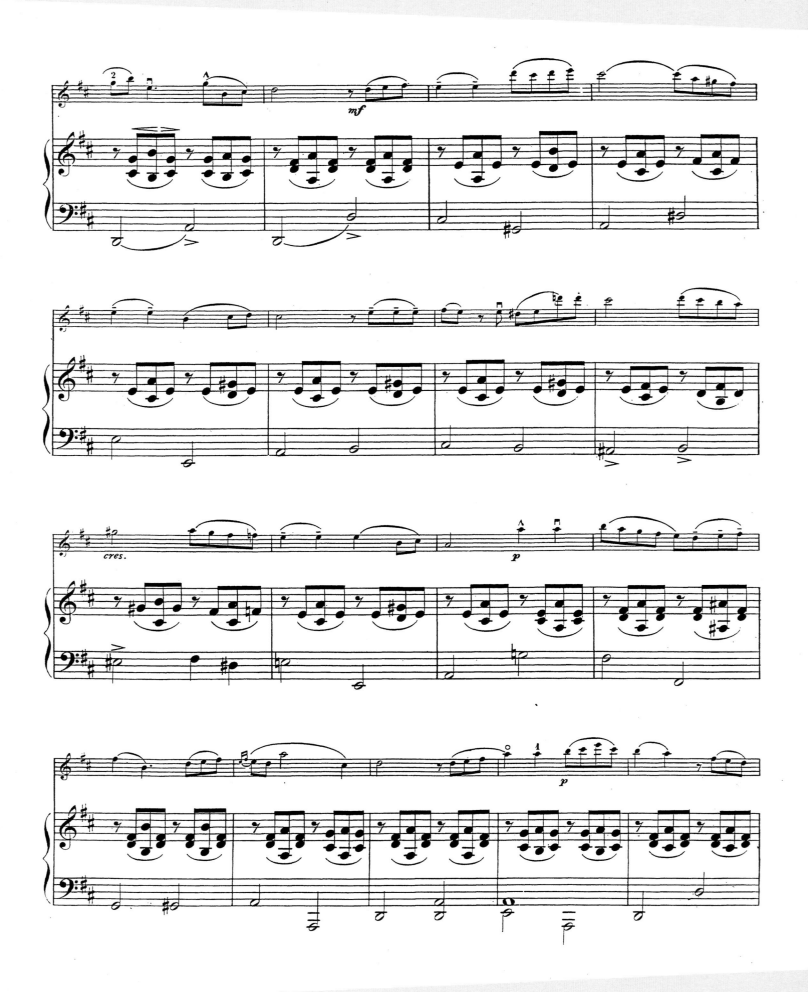

Ildebrando Pizzetti

TRE CANTI
[THREE SONGS]

a Maria Teresa

I

II

III

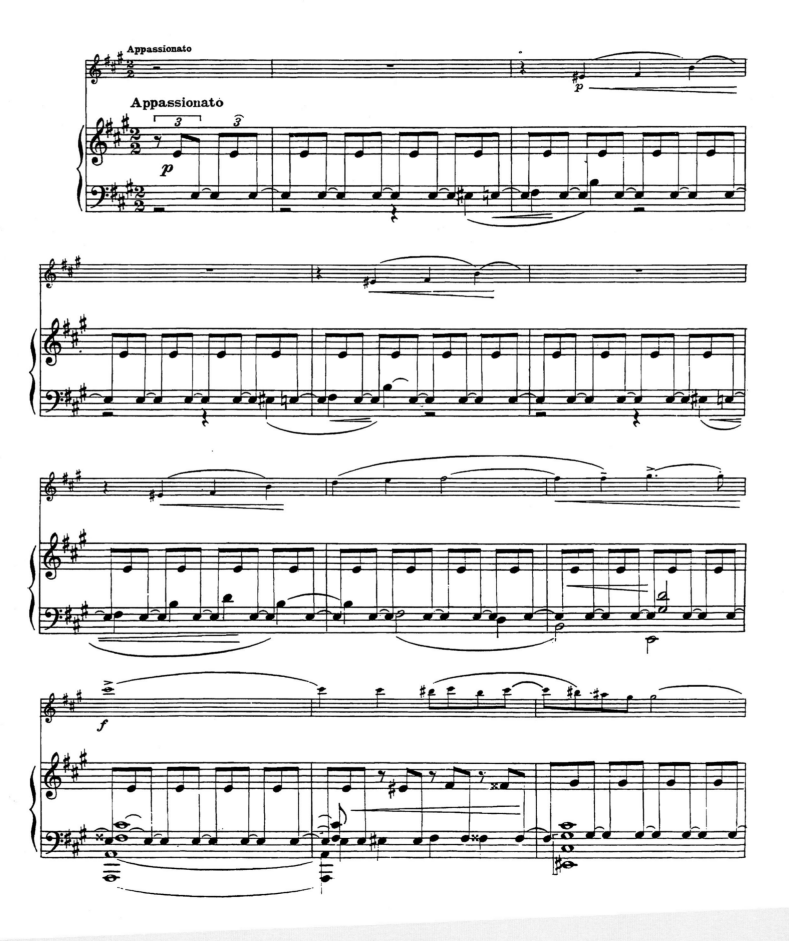

Mario Castelnuovo-Tedesco
CAPITAN FRACASSA

140708

Mario Castelnuovo-Tedesco
TRE VOCALIZZI
[THREE VOCALISES]

Transcribed by – *Trascrizione di*
Mario Corti

I
"PAN ED ECO"

II
"COME UNA NENIA MARINARESCA"

III
"AMERICAN MUSIC"

Ricordi Instrumental Library

20th Century Italian Composers
Compositori italiani del XX secolo

for piano / *per pianoforte*

edited by / *a cura di*
Alfonso Alberti

Pieces by / *Brani di*
BUSONI, CASELLA,
CASTELNUOVO-TEDESCO,
DAVICO, MALIPIERO,
PETRASSI, PILATI,
PICK-MANGIAGALLI,
RESPIGHI, ROTA
NR 140727

for guitar / *per chitarra*

edited by / *a cura di*
Frédéric Zigante

Pieces by / *Brani di*
BETTINELLI,
CASTELNUOVO-TEDESCO,
GHEDINI, MALIPIERO,
MARGOLA, PETRASSI,
RESPIGHI
NR 140712

for violin and piano
per violino e pianoforte

edited by / *a cura di*
Roberta Milanaccio

Pieces by / *Brani di*
vol. 1
CASTELNUOVO-TEDESCO,
MONTI, PIZZETTI,
SIMONETTI
NR 140708

vol. 2
ALFANO, CILEA,
FERRARI-TRECATE,
PETRASSI, PRINCIPE,
ROSSELLINI
NR 140715

RICORDI